Rainer Haak

Willkommen, kleiner Gast

Gute Wünsche zur Geburt

SKV-EDITION

Kleine Kinder spüren sehr genau, ob sie willkommen sind. Sie brauchen Menschen an ihrer Seite, die ihnen zeigen, dass sie wichtig und liebenswert sind. Sie brauchen Eltern, Großeltern, Verwandte und Freunde.

Wir alle sind für eine bestimmte Zeit in diese Welt gestellt. Nichts gehört uns hier, alles haben wir nur auf Zeit. Auch die kleinen Gäste, die jetzt viel Zuneigung und Schutz brauchen, sind uns nur für eine bestimmte Zeit anvertraut. Wir werden sie bald immer häufiger loslassen und eines Tages ganz freigeben.

Die Zeit des Kindes im Mutterleib ist bis in fast alle Einzelheiten erforscht, und trotzdem erleben wir die Geburt als großes, unfassbares Wunder.
Ein Kind wächst im Mutterleib heran und ist für uns zugleich ein großartiges Geschenk des Himmels.

Die Vorfreude war groß. Die Eltern erwarteten ein Kind und fragten hoffnungsvoll und zugleich ungeduldig: Wann wird es kommen?

Jetzt ist es da. Aber es ist nicht einfach ein Kind gekommen. Wir erkennen staunend: Du bist gekommen!

Es ist eine aufregende Welt, in die du hinein geboren bist. Zuerst besteht sie nur aus dir, dann aus dir und deiner Mutter, deinem Vater, deinem Zimmer. Langsam wird die Welt für dich größer, und auch deine Neugier und Abenteuerlust wachsen.

Du hast noch viel zu entdecken, eine aufregende, große Welt.

Noch bist du völlig hilflos und auf andere angewiesen. Du kannst nicht selbst für dich sorgen, du kannst nichts weiter als empfangen. Du empfängst Nahrung und Kleidung, Schutz und Wärme.

Und vor allem anderen empfängst du das, was du am meisten brauchst: Liebe.

Gott hat dir viele Gaben und Möglichkeiten mit auf den Weg gegeben. Welche? Deine Eltern versuchen sie sich heute schon vorzustellen, wahrscheinlich ganz anders, als die Zukunft es erweisen wird.

Eines Tages werden sie erleben, wie du deine besonderen Fähigkeiten entdeckst und weiterentwickelst.

Einige gute Eigenschaften und Fähigkeiten deiner Eltern wirst du auch haben. Wenn sie es entdecken, werden sie sehr stolz sein und dich dafür loben. Manche schlechte Angewohnheiten deiner Eltern wirst du nachahmen. Dann werden sie vielleicht sehr böse sein. Nimm es ihnen nicht übel!

Schon bald wird das Leben gefährlicher und komplizierter: Du könntest die Zeit vergessen. Du könntest dich verletzen. Du könntest dich schmutzig machen. Du könntest Ärger bekommen. Du könntest etwas kaputtmachen. Du könntest eine Niederlage erleiden. Du könntest falsche Entscheidungen treffen. Du könntest deine eigenen Erfahrungen machen.

Es ist gut, wenn du Eltern hast, bei denen du das alles kannst!

Deine Eltern und alle, die dich begleiten, wollen dir gute Freunde sein. Ihre Lebenserfahrungen sollen dir helfen und dich schützen. Aber die können niemals deine eigenen Erfahrungen ersetzen.

Auch wenn es manchmal wehtut – deine Erfahrungen musst du selbst machen.

Andere Menschen helfen dir zu leben. Zuerst bist du völlig auf ihre Nähe, ihre Fürsorge und ihren Schutz angewiesen. Aber langsam beginnst du, eigene Schritte zu tun und aus ihrer behütenden Nähe hinauszutreten. Du beginnst, Selbstvertrauen zu entwickeln und dir dein Leben selbst zu erobern.

Natürlich wollen dir deine Eltern ermöglichen, eigene Schritte zu tun. Ihr Handeln und Denken zielen darauf hin. Oft ermutigen sie dich dazu, es allein zu versuchen und eigene Erfahrungen zu machen. Aber dann sind sie doch manchmal erschrocken, wenn deine Schritte anders aussehen, als sie sich das vorgestellt und gewünscht haben.
Auch Eltern müssen noch viel lernen!

Du bist auf vieles neugierig. Du beobachtest, du probierst aus, du eroberst Schritt um Schritt deine Umwelt. Manchmal zögerst du einen Augenblick und musst deine Angst überwinden, bevor du dich auf etwas Neues einlässt. Du bist dabei, dich und das Leben zu entdecken.

Wie aufregend ist es, das Leben zu entdecken! Es begegnet dir auf so unterschiedliche Art und Weise.

Es ist gut, dass einer da ist, der Leben schenkt. Er hat Kinder und Eltern geschaffen, Menschen, Tiere und Pflanzen. Er hat auch dir das Leben geschenkt. Du begegnest dem Leben. Du begegnest den Menschen. Du begegnest deinen Mitgeschöpfen.

Du bist dabei, Vertrauen zu lernen. Deine Eltern geben dir Sicherheit, wenn du Angst hast. Sie geben dir Nahrung, wenn du Hunger oder Durst hast. Sie trösten dich, wenn du traurig oder unglücklich bist. Sie helfen dir, deine Fähigkeiten zu entwickeln und dir selbst etwas zuzutrauen.

Vertrauen lernen, das ist die Voraussetzung dafür, später einmal zuversichtlich und aufrecht deinen eigenen Weg gehen zu können.

Es ist eine bunte Welt, die du in den nächsten Jahren immer besser kennen lernen wirst. Du wirst Formen und Farben sehen, für die wir Erwachsenen längst keine Augen mehr haben. Du wirst Blumen entdecken, die ein Geheimnis besitzen, und Bäume, die dich schützen, Steine, die Geschichten erzählen, und Tiere, die sich in Prinzen und Prinzessinnen verwandeln können. Und du wirst dich mit allem auf wunderbare Weise verbunden fühlen.

*D*u bist anderen Menschen anvertraut, du, kostbar und einzigartig. Diese Menschen werden dich einige Jahre lang begleiten. Aber niemals sollst du Menschen gehören, weder heute noch irgendwann. Du gehörst dir selbst und dem Leben, du, Kind Gottes.

Du weißt, dass deine Eltern für dich da sind. Du machst täglich die Erfahrung, geliebt und beachtet, begleitet und gelobt zu werden. Diese Erfahrung ist wichtig. Sie gibt dir schon bald die Möglichkeit, auch allein auf Entdeckungsreise zu gehen und dein Leben selbst zu gestalten.

Du brauchst viel Freiheit, um deine Welt erobern zu können. Du brauchst gleichzeitig deutliche Grenzen dabei. Freiheit braucht Regeln und Sicherheit. Liebende Eltern sorgen in deinem Leben für das richtige Verhältnis zwischen Freiheit und Begrenzung.

Manchmal wirst du gegen Grenzen und Regeln ankämpfen. Du willst es, und du brauchst es. Wogegen könntest du ohne sie ankämpfen?

Deine Welt wird täglich größer. Aber trotzdem ist es immer noch eine kleine, überschaubare Welt. Dort hast du deinen festen Platz. Dort wirst du geliebt und beschützt. Dort findest du Orientierung und machst deine Erfahrungen. Dort bist du zu Hause.

Ein Jahr, zwei, drei, schnell wächst du heran. Bald bist du kein kleines Kind mehr. Doch immer noch feierst du einmal im Jahr deinen Geburtstag und erinnerst dich an den Tag, als es zum ersten Mal hieß: Willkommen, kleiner Gast!

Du bist willkommen, kleiner Gast! Deine Eltern haben sich so auf dich gefreut und sind gern liebevolle Begleiter für dich. Auch wenn du nach und nach eigene Schritte gehst, kannst du stets zu ihnen zurückkehren und bei ihnen ausruhen. Dort wirst du geliebt und darfst dich sicher fühlen.

Und eines Tages, wenn du groß bist und deinen eigenen Weg gehst, werden dich ihre guten Wünsche und Gebete begleiten.

Bildnachweis:
Umschlag: G. Burbeck; S. 3: Farkaschovsky/E. Geduldig; S. 4: G. Burbeck; S. 6: Bildagentur Dr. G. Wagner; S. 8/9: Ch. Palma; S. 11: R. Schmid/HUBER; S. 13: G. Burbeck; S. 14: Geduldig/Photo Press; S. 16: G. Burbeck; S. 18/19: Improta/HUBER; S. 21: G. Burbeck; S. 23: Ch. Palma; S. 24: G. Burbeck; S. 26: Stock/IFA-Bilderteam; S. 28/29: Ch. Palma; S. 31: G. Burbeck

Informationen über Bücher und Veranstaltungen von Rainer Haak erhalten Sie im Internet unter: www.rainerhaak.de

Bibliografische Information Der Deutschen Bibliothek
Die Deutsche Bibliothek verzeichnet diese Publikation in der Deutschen Nationalbibliografie; detaillierte bibliografische Daten sind im Internet über http://dnb.ddb.de abrufbar.

Bestell-Nr. 94623 · ISBN 3-8256-4623-6
3. Auflage 2004
© 2003 by SKV-EDITION, Lahr/Schwarzwald
Gesamtherstellung: St.-Johannis-Druckerei, Lahr/Schwarzwald
Printed in Germany   109730/2004